科学原理早知道 物质世界

物体会变身

[韩] 沈秉柱 文
[韩] 南宫善河 绘
祝嘉雯 译

化学工业出版社
· 北京 ·

所有物质可以分为三种类型

来看看我们的周围吧。

看到橡皮、铅笔和杯子了吗？这些东西叫做固体。

我们喝的水还有香甜的牛奶呀，叫做液体。

还有一种我们眼睛看不见，但其实它一直围绕在我们身边的东西。

它就是空气，是一种气体。

世界上所有的物质，都以固态、液态或是气态的形式存在哦。

固体

液体

气体

物体与物质

物质是构成物体的基础，
而物体是指有形态的物质。
比如说，铁钉、铁盘还有铁丝等物体，
就都是用一种叫做"铁"的物质做成的。

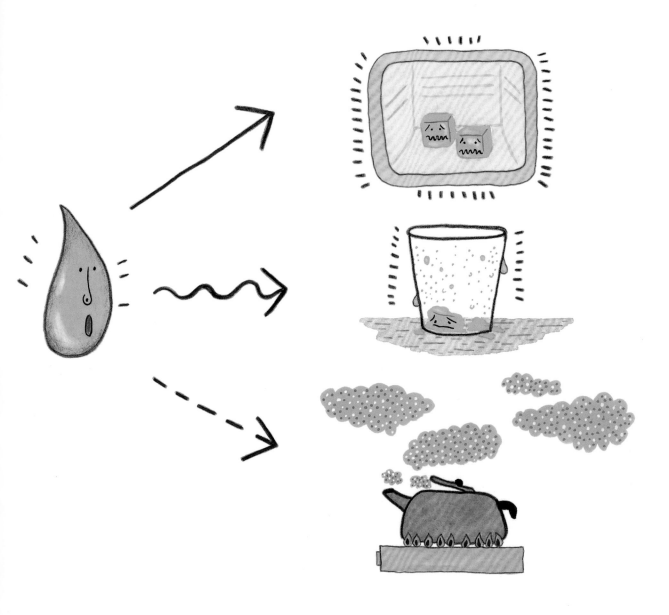

物体会变身

水只能是液体吗？当然不是啦。

水变成"冰"，就是固体，变成"水蒸气"，就是气体了。

我们把水放到冰箱里冷冻后，它就会变成硬邦邦的冰。

把水倒进水壶，水烧开后，水壶中的水就会渐渐减少。

咦，水去哪儿了呀？

原来它变成了水蒸气，飞到空气中了。

那坚硬无比的铁只能是固体吗？当然也不是啦。
在钢铁工厂的大熔炼炉里，铁吸收了大量的热就会变成铁水。

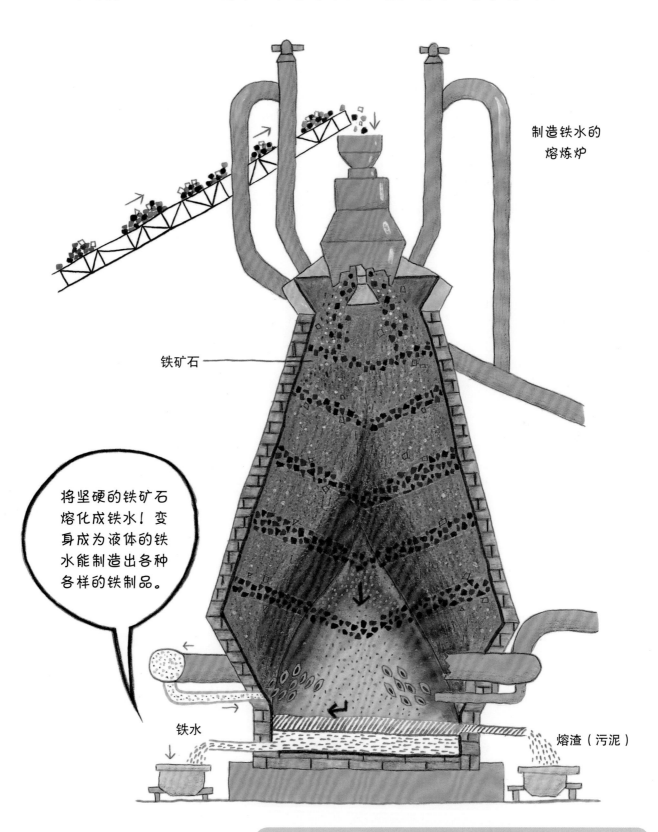

制造铁水的
熔炼炉

铁矿石

将坚硬的铁矿石
熔化成铁水！变
身成为液体的铁
水能制造出各种
各样的铁制品。

铁水

熔渣（污泥）

⭐ 干冰所冒出来的白色烟雾是什么？

干冰是由二氧化碳制成的固体。只有在零下78摄氏度左右的极低温度下才能维持它的固体形态，高于那个温度就会变成气体形态的"二氧化碳"。

若是将干冰直接放在空气中，它的体积会慢慢变小，并且产生白色的烟雾。

干冰变成了二氧化碳气体带走了周围的热量，而此时空气中的水蒸气由于周围温度变冷了，就会变成液态的水，看上去像白色的烟雾。

因此，干冰所冒出来的白色烟雾不是二氧化碳气体，而是小水珠哦。

干冰也会变身哦

干冰和冰块长得差不多。

但是干冰可不会像冰块一样，在桌子上滴答滴答地淌水。

它呀，会冒白烟，会慢慢变小。

这是为什么呢？

干冰和冰块不一样，它是由二氧化碳组成的，所以放置在常温空气中，就会立刻变成气体。

和冰块长得差不多的干冰会瞬间变成气体哦。

物质的形态在什么样的情况下，会发生变化呢？

雪糕从冰箱中取出后就会开始融化，

这是因为外部的温度比冰箱内部的温度高。

芝士放进烧热的平底锅，就会熔化，形状也会发生变化。

蜡烛靠近烛火的部分也会熔化，还会变得像水一样透明。

也就是说，一些固体被加热后，会熔化成液体。

那液体被加热后，会变成什么呢？

就拿水来说，烧开沸腾时，就会变成水蒸气飞走。

所以呀，液体被加热后，会变成气体。

这样看来，大多数物质吸收了热量后，形态就会发生变化。

6

大多数物质吸收了热量后，固体会变成液体，液体会变成气体。 7

容器内的水是液体，飞到外面来的水蒸气是气体。

除了热量之外，还有其他情况也能改变物质的形态哦。

有没有摇晃过烤肉时使用的卡式炉的丁烷气罐？

听到里面像水流一样哗哗的声音，

我们就知道罐子里装的是液体。

看过大人们用的打火机吗？

打火机里的丁烷气体像水一样在流动。

可丁烷明明是气体，为什么它能像水一样流动呢？

答案就是压力！我们对气体施加巨大无比的压力时，它就会变成液体啦。

气体受到很大的压力，就会变成液体哦。
若以气体形态收入罐中，只能收入非常少的量。
因此，在低温环境下，用非常强的压力将丁烷
压入罐子里。
丁烷被压缩，气态变成了液态，罐子里就能装
下许多许多的气体啦。

 我这里装的是
由气体变成的
液体哦。

啊！
好烫！

吸烟对身体
有害哦！

丁烷气体变成了像水一样的液体，是因为受到了高压。

9

双胞胎的冒失
实验教室

第一个实验

1. 往玻璃瓶内倒满水。
2. 盖上盖子放入冰箱冷冻室。
3. 等待。

哈哈哈哈

滴答

滴答

滴答

几小时后

4. 玻璃瓶破碎。

嗯。

报告博士，如您预料的一样，玻璃瓶碎了。

这次的实验好像有点难度……能成功完成任务吗，小助手？

能。

准备材料：塑料瓶、气球、干冰、手套

物质的形态发生变化时，体积也会随之发生变化。

　　大多数物质都是在"从固态变成液态，液态变成气态"的过程中，体积增大。

　　但也有例外，比如水，它在变成固态冰的过程中，也是体积变大哦。

　　所以如果我们把装满水的玻璃瓶放到冰箱冷冻的话，瓶子就可能会发生爆裂。

　　那水在变成气态的水蒸气时，也会体积变大吗？

　　是的，据说能变大 1700 倍呢。

物体所占空间的大小叫做该物体的体积哦。

戴好手套，将干冰放入 PET 塑料瓶中。

瓶口套上气球，动作要快。

使劲~

使劲~

快趴下——！

嘭——

哎呀呀，抱歉，忘记提前告诉你干冰的性质了。

水无论是变成固态的冰，还是变成气态的水蒸气，结果都是体积增大。　11

物质在不同形态下，分别有怎样的特征呢？

坚硬的石头是固体。

还有盐和白糖这种细软的小颗粒也是固体。

固体的形状不会因为容器的不同而发生改变，

而且它具有一定的体积。

嗯……原来会流动的白糖和盐也是固体呀……真奇怪，明明把它们装到不同的容器里时，形状都发生变化了呀。

组成固体的小颗粒，也就是固态物质的分子，它们相互之间排列非常紧密。因此固态物质的形状不会发生变化，就算是使劲地晃动固态物质，组成它们的分子也只在自己的平衡位置上不断振动而不会随意移动。

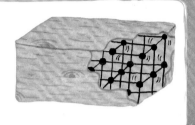

结果竟然是这样的！竟然猜错了！原来固态物质无论放在怎样的容器中，它的模样和体积都不会发生变化！

固态物质的模样和体积不变。

17

一起来试试将液态的水倒入圆碗中吧。

再试试倒入方形奶盒中看看，结果怎么样呀？

我们可以看到液态的水在圆形碗中是个圆形；

在方形奶盒中的时候，又变成了方形。

原来呀，液体是没有固定形状的。

所以当我们想要握住液体时，它们就会从我们的指缝间流出来。

不过，在同一温度下，液体的体积是恒定的哦。

组成液体的分子小颗粒们相互之间排列松散，有时也会手拉手四处流动。但是它们不会单独行动，也不会逃跑，所以液体的体积是一定的。

温度恒定条件下，不管液体的模样如何变化，它的体积都不会发生变化。

试一试用书写板夹或是扇子对着脸扇动。

虽然看不见，但是不是能感觉到有东西在轻拂我们的脸呀？

深吸一口气，再来试试吹气球，

气球被圆鼓鼓地吹了起来。这些都是因为有气体的存在呀。

虽然无法看到或是触摸到，但我们仍能够感觉到气体的存在。

想要把气体保留在某个地方的话，就需要气球或是密封容器，

因为气体没有固定的模样和体积。

啊，对了，屁也是气体哦。

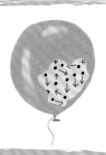 组成气体的小颗粒们彼此分开，四处溜达。
如果不把气体关起来呀，它就会散开，体积也会跟着变大哦。

这里，
那里，
还有上面，
下面，
到处都是我呀。

是飘浮，
飘浮！

嘭！

怎么还找不到我呀？

哎呀！
都说了，
肉眼是看不见我的！

到底在哪儿呀？

不行！
会爆炸的！

气体的模样和体积都是不固定的。 21

这是气体？还是液体？

水烧开时，会有白色的东西冒出来。

我们把这个白色的东西叫做"雾"。

那这"雾"到底是液体，还是气体啊？

其实这个雾啊，是水蒸气挥发，在空气中遇冷后，凝结而成的小水珠。

所以它是液体哦。

那飘浮在天空中的云朵，是液体，还是气体呢？

许许多多的小水珠聚集在一起就形成了云，所以它当然也是液体啦。

这些小水珠越积越大，就会摇身一变，成为小雨滴，落到地上来。

雾气是液体哦！

好像要下雨了……

水烧开时的雾气，还有云，都是小水珠们聚集而成的液体。 23

石头也可以变成液体。

悄悄告诉你一件神奇的事！

虽然大家都知道，我们生活在坚硬的地球表面。

但这坚硬的石头在地球的深处呀，其实是以高温液态的形式存在的哦。

我们称它为"岩浆"。

岩浆的温度大约在 700 ~ 1200 摄氏度哦。

岩浆

熔岩

岩浆

就算是岩石，被高温加热后也会变成液体哦。

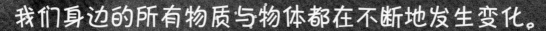

我们身边的所有物质与物体都在不断地发生变化。

一起来看看杯子里的冰水吧?

杯中一部分液态的水会变成气态的水蒸气，飞到空中，

而空气中的水蒸气在接触到了冰冷的杯子后，又会变成液态的水。

就像杯中的水，总是在固体、液体和气体这三种形态之间发生变化一样，

其实，我们周围的所有物体都一直在悄悄地

变身哦。

我们周围的物体总是在固态、液态还有气态之间不断地转化。

制作冰花

试一试用湿润的手触摸刚从冰箱里取出来的冰块吧。

咦，冰块怎么粘在我手上了，这是为什么呢？

因为冰块能够在瞬间把我们手上的水给冻住。

让我们利用冰的这一特性，一起来制作冰花吧。

准备材料　冰块、盐、水、玻璃杯、几朵小花、碗、木筷、橡皮筋

实验方法

1. 在碗内装满冰块，并均匀地撒上盐。

2. 小花倒夹在木筷中间，用橡皮筋固定住，以免小花掉落。

3. 木筷横放在装有水的玻璃杯上，使小花完全浸入水中。

4. 将装有小花的玻璃杯放入撒过盐的冰块中。

5. 1~2 小时后，取出杯子，观察花朵还有杯中的水发生了什么变化？

实验结果

为什么会这样呢?

　　我们知道，在一般情况下，只有温度达到 0 摄氏度时冰块才会融化。但如果在冰块上撒盐的话，就能让它在低于 0 摄氏度的温度下融化。若将一杯水放在撒有盐的冰块上，由于周围环境温度低于 0 摄氏度，杯中的水就会冻结成冰啦。于是杯里的花朵就和水一起被冻结，变成了冰花。

制作五彩缤纷的蜡烛

瞧，彩虹蜡烛上有小火苗在跳动！
彩色的蜡烛是如何制作出来的呢？
让我们一起来做一个彩虹蜡烛吧。

准备材料　各种颜色的蜡烛、杯子、4 个小烧杯、酒精灯、小刀、油、棉布、木筷、透明胶带
实验方法

用小刀将各种颜色的蜡烛切成小块，分别放入小烧杯中。

酒精灯加热，熔化所有蜡烛块。

棉布蘸油涂抹杯子内壁，将灯芯用木筷夹住固定在杯子中间位置。

向杯中依次倒入各种不同颜色的蜡烛液体。

在等待蜡烛凝固的过程中，观察蜡烛表面的变化。

实验结果

为什么会这样呢？

蜡烛受热后，就会熔化成液体。若将其倒入杯中静置，则会再次凝固成固体哦。等量的蜡烛液体凝固后体积会减小。因此，我们可以看到在制作完成的彩虹蜡烛表面，有一个圆形的凹陷面。与此相反，如果是水变成固体的话，它的体积会变大。所以如果将瓶子装满水，并且拧上盖子冷冻的话，瓶子就会被撑破哦。

提问 玻璃是液体，还是固体？

摸一摸玻璃做的饮料瓶，再用手指戳戳看。虽然它硬邦邦的样子看起来像是固体，但玻璃其实是一种流体哦。它其实是流动的，虽然不像水一样流动得那么快，但玻璃一直都在十分缓慢地流动着呢。我们可以通过观察老旧的玻璃窗或镜子来验证这一点。试比较这些久置多年的玻璃的上下端。玻璃下端的厚度往往会比上端要厚一些，这是因为在重力作用下，上端的玻璃一直在慢慢地向下流动着呢。

提问 淀粉与水的混合溶液是……？

玩过水和淀粉的混合溶液吗？感觉怎么样呀？用手去抓它时，它会像液体一样往下流动。但想要搅动它的话，却不能随我们的心意。所以这个混合溶液到底是液体还是固体呢？像这种固体与液体的性质兼具的溶液呀，我们称它为"非牛顿流体"。像油画颜料、番茄酱等就属于"非牛顿流体"。当我们慢慢搅动时，液体能够轻松地通过我们的手指，但想要用力快速搅动时，反而会变得很费力。换句话说呀，它给人的感觉，就像是固体一样厚实的液体，或者说，像一种柔软的胶状物。

再来想象一下，假如我们在泳池里举行竞走比赛。当我们慢悠悠地移动时，不会感觉到水的阻力，但如果我们想要加快速度移动手臂和腿时，就会明显感觉到水的阻力变大了。

对了，可曾见过电影里，人们陷入沼泽后挣扎的场景？想要奋力爬出沼泽，但其实越用力，沼泽的阻力就会越大，最终失去了活下去的机会。还有流沙！要是沙漠里的动物陷入其中的话，结局只能是挣扎到死了。这是因为它们都具有像淀粉溶液一样的特性哦。

提问 水管为什么总是在冬天爆裂？

夏天时从没听说过水管爆裂的消息，但在寒冷的冬天，我们总能听到水管爆裂的新闻。要知道当温度降到 0 摄氏度甚至更低时，水就会变成冰，此时它的体积将会变大 10% 左右。冬天的时候温度降至 0 摄氏度以下，水管内的水冻结成冰，体积变大后，就会撑破水管啦。

科学话题

不同于固态、液态和气态的物质第四形态——等离子体

几乎所有物体随着温度的升高，都会从固态变成液态或气态。那假如我们把一个物体加热到非常非常热的话，它会变成什么呢？在几万摄氏度的高温下，气体分离成带正电（＋）的物质和带负电（－）的物质，变成了等离子形态，这种形态被归为物质的第四形态。

据估计，宇宙中 99％ 的物质都是以等离子体的形态存在的。太阳就是其中的一员。还有北极光、日光灯和霓虹灯都是我们日常生活中可以看到的等离子态物质哦。其中最具代表性的当属 PDP（等离子显示屏）了。等离子态物质在高温下分离出的气体会发出明亮的光芒，人们利用这一特性生产制造出了等离子电视机。这种电视机的屏幕虽然明亮清晰，但它不仅发热量大，而且非常耗电。

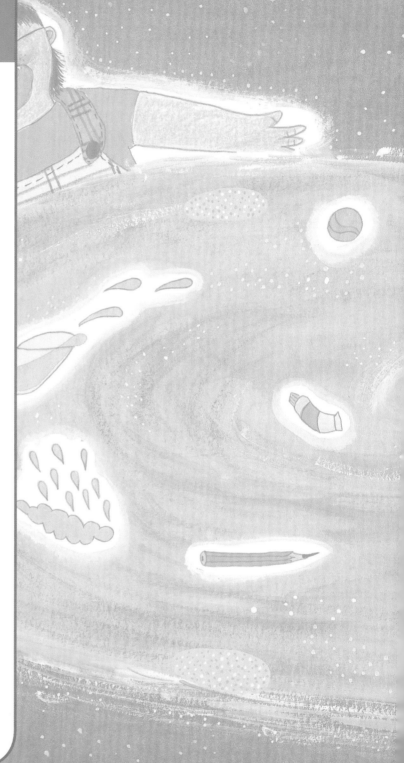

这个一定要知道!

阅读题目，给正确的选项打√。

1 下列选项中，不属于物质的三种形态的是

- ☐ 固体
- ☐ 液体
- ☐ 声音
- ☐ 气体

2 下列物质中不是从固态变成液态，而是直接从固态变成气态的是

- ☐ 砂糖
- ☐ 冰块
- ☐ 冰激凌
- ☐ 干冰

3 关于气体的描述，下列哪些选项是正确的?

- ☐ 我们的手抓不到它
- ☐ 日常生活中肉眼能看见它
- ☐ 它的模样不固定
- ☐ 无论在哪儿，它的体积都是一定的

4 下列选项中，哪一个是固体?

- ☐ 橙汁
- ☐ 橡皮
- ☐ 水蒸气
- ☐ 油墨

1.声音／2.干冰／3.我们的手抓不到它、它的模样不固定／4.橡皮

科学原理早知道　物质世界

推荐人 朴承载 教授（首尔大学荣誉教授，教育与人力资源开发部 科学教育审议委员）
作为本书推荐人的朴承载教授，不仅是韩国科学教育界的泰斗级人物，创立了韩国科学教育学院，任职韩国科学教育组织联合会会长，还担任着韩国科学文化基金会主席研究委员、国际物理教育委员会（IUPAP-ICPE）委员、科学文化教育研究所所长等职务，是韩国儿童科学教育界的领军人物。

推荐人 大卫·汉克（Dr.David E.Hanke）教授（英国剑桥大学 教授）
大卫·汉克教授作为本书推荐人，在国际上被公认为是分子生物学领域的权威，并且是将生物、化学等基础科学提升至一个全新水平的科学家。近期积极参与了多个科学教育项目，如科学人才培养计划《科学进校园》等，并提出《科学原理早知道》的理论框架。

编审 李元根 博士（剑桥大学 理学博士 韩国科学传播研究所 所长）
李元根博士将科学与社会文化艺术相结合，开创了新型科学教育的先河。
参加过《好奇心天国》《李文世的科学园》《卡卡的奇妙科学世界》《电视科学频道》等节目的摄制活动，并在科技专栏连载过《李元根的科学咖啡馆》等文章。成立了首个科学剧团并参与了"LG科学馆"以及"首尔科学馆"的驻场演出。此外，还以儿童及一线教师为对象开展了《用魔法玩转科学实验》的教育活动。

文字 沈秉柱
首尔教育大学本科毕业后，继续在同一所大学的研究生院攻读了小学科学教育专业，现为首尔新仔小学的一线教师。致力于儿童科学教育，积极参与小学教师联合组织"小学科学守护者"。为了让孩子们能够对科学保持兴趣与好奇心而不断地探索中。

插图 南宫善河
毕业于汉阳大学插图专业，现在是一名插画家。希望自己的画能够留在孩子的童年记忆中。代表作品有《孩子的故事守护者》《建筑里的数学》等。

물체가 모습을 바꿔요
Copyright © 2007 Wonderland Publishing Co.
All rights reserved.
Original Korean edition was published by Publications in 2000
Simplified Chinese Translation Copyright © 2022 by Chemical
Industry Press Co., Ltd.
Chinese translation rights arranged with by Wonderland
Publishing Co.
through AnyCraft-HUB Corp., Seoul, Korea & Beijing Kareka
Consultation Center, Beijing, China.
本书中文简体字版由 Wonderland Publishing Co. 授权化学工业出版社独家发行。
未经许可，不得以任何方式复制或者抄袭本书中的任何部分，违者必究。

北京市版权局著作权合同版权登记号：01-2022-3284

图书在版编目（CIP）数据

物体会变身 /（韩）沈秉柱文；（韩）南宫善河绘；
祝嘉雯译 . —北京：化学工业出版社，2022.6
（科学原理早知道）
ISBN 978-7-122-41008-5

Ⅰ.①物… Ⅱ.①沈…②南…③祝… Ⅲ.①科学知识—儿童读物 Ⅳ.① Z228.1

中国版本图书馆 CIP 数据核字（2022）第 049122 号

责任编辑：张素芳
责任校对：王　静
装帧设计：盟诺文化
封面设计：刘丽华

出版发行：化学工业出版社
　　　　　（北京市东城区青年湖南街13号 邮政编码100011）
印　装：北京华联印刷有限公司
889mm×1194mm　1/16　印张2¼　字数50千字
2023年1月北京第 1 版第 1 次印刷

购书咨询：010 - 64518888
售后服务：010 - 64518899
网　　址：http://www.cip.com.cn
凡购买本书，如有缺损质量问题，本社销售中心负责调换。

定　价：25.00元　　　　　　　版权所有　违者必究